Garifuna Nation

Garifuna Nation

GARIFUNA

A B C

Ka biri?

GARIFUNA

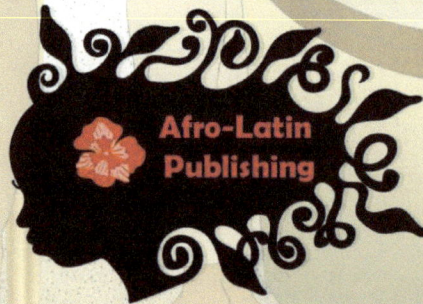

Afro-Latin
Publishing

ISBN: 978-0-9888240-7-2

Published by Afro-Latin Publishing, Inc

Printed in the U.S.A.

To my son, Adrian
My heart, my soul, my everything

Garifuna Nation

A a

agu

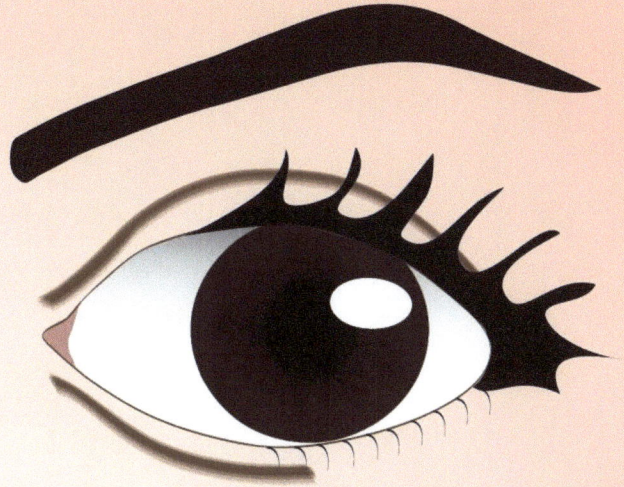

ariran

B b

bágasu

bímina

C c

changüleda

chobuli

D d

dabanidu

daŭguaŭ

E e

éigini

énehenei

F f

fáluma

féin

G g

galasun

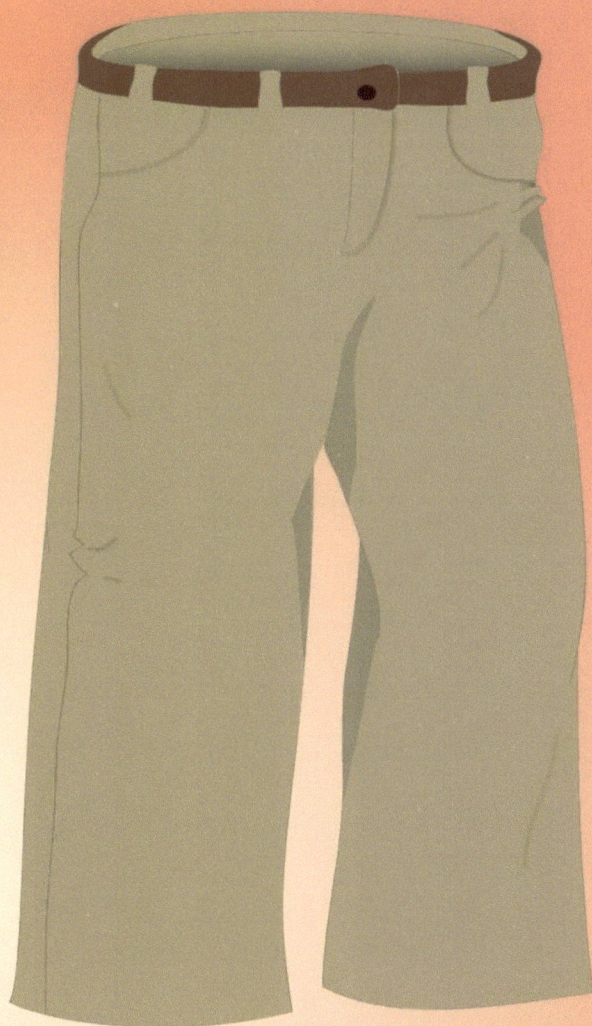

garawoun

H h

hana

halaü

I i

ídiburi

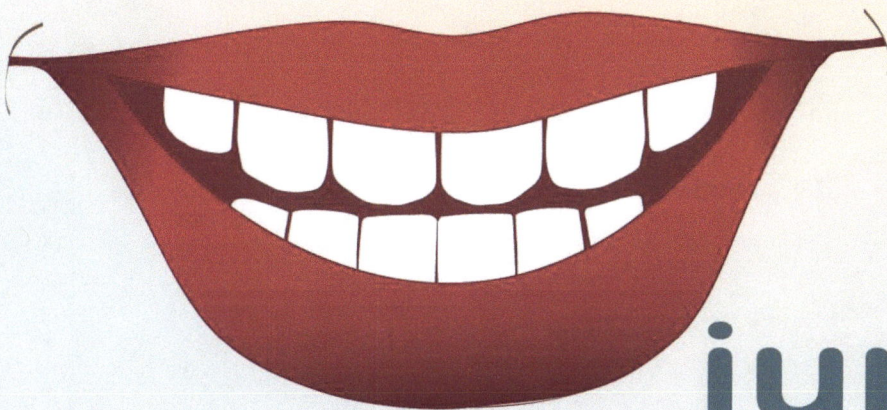

iumaru

J j

Mayusuruti
lidan
Garífuna

K k

kiapu

kopu

L l

lampu

líburu

M m

maba

mesu

N n

nefu

nehu

O o

ounli

ourua

P p

posu

pini

Qq

Mayusuruti
lidan
Garífuna

R r

rábini

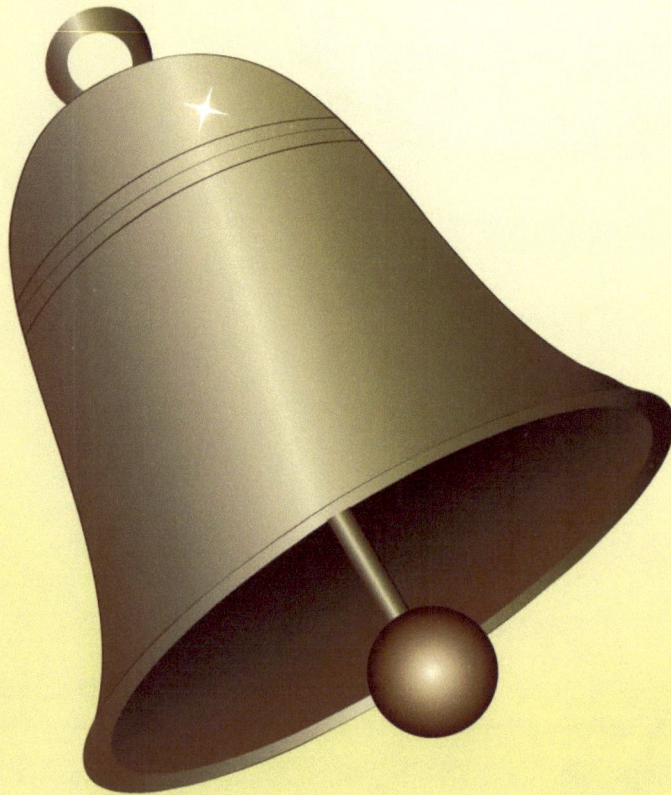

raüwa

seinsu

simisi

T t

13

tareisi

tin-wewe

U u

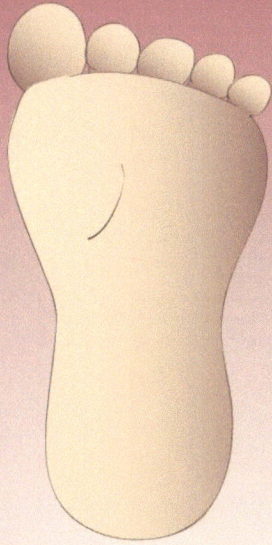
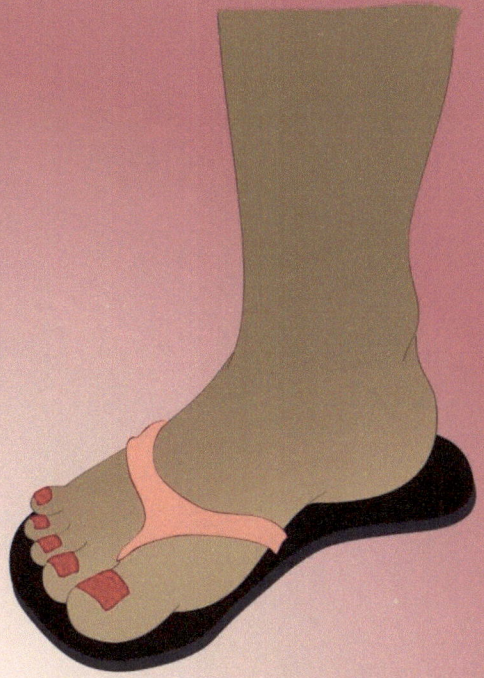

ugudi

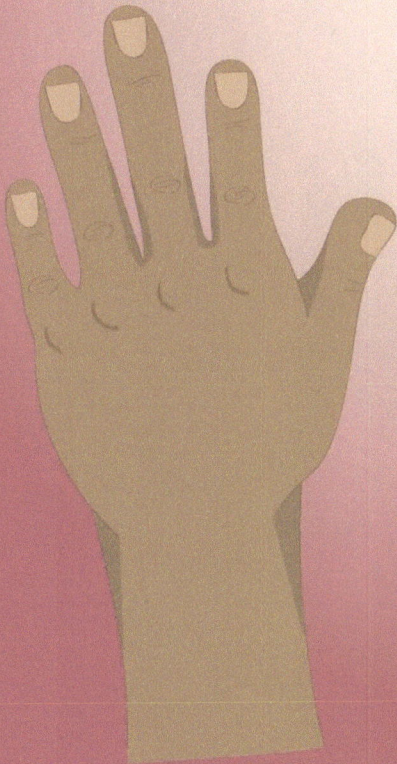
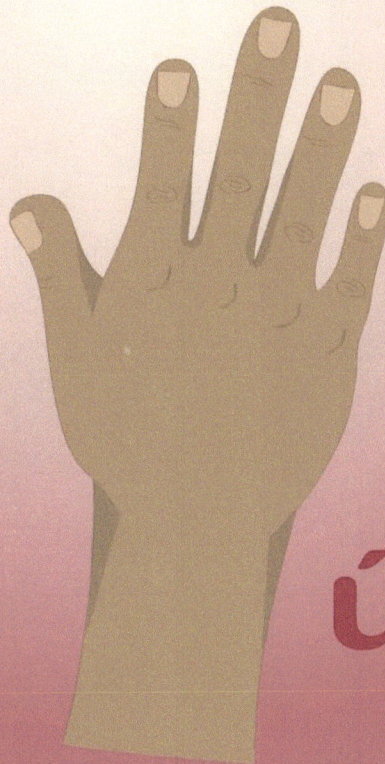

úhabu

V v

Mayusuruti
lidan
Garífuna

W w

weibeyuwa

weyu

Xx

Mayusuruti lidan Garífuna

Y y

yéyewa

Yurumein

Z z

Mayusuruti lidan Garífuna

Wahurarañoun

Vamos a Jugar

Let's Play

éigini

bímina

Simisi

garawoun

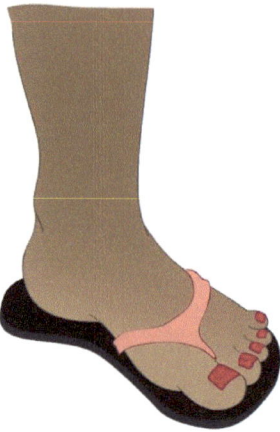

agu

kiapu

líburu

ugudi

Kopu

Iampu

Bágasu

ounli

mesu

Seinsu

fáluma

Wabürüha

_____

_____

Wabürüha

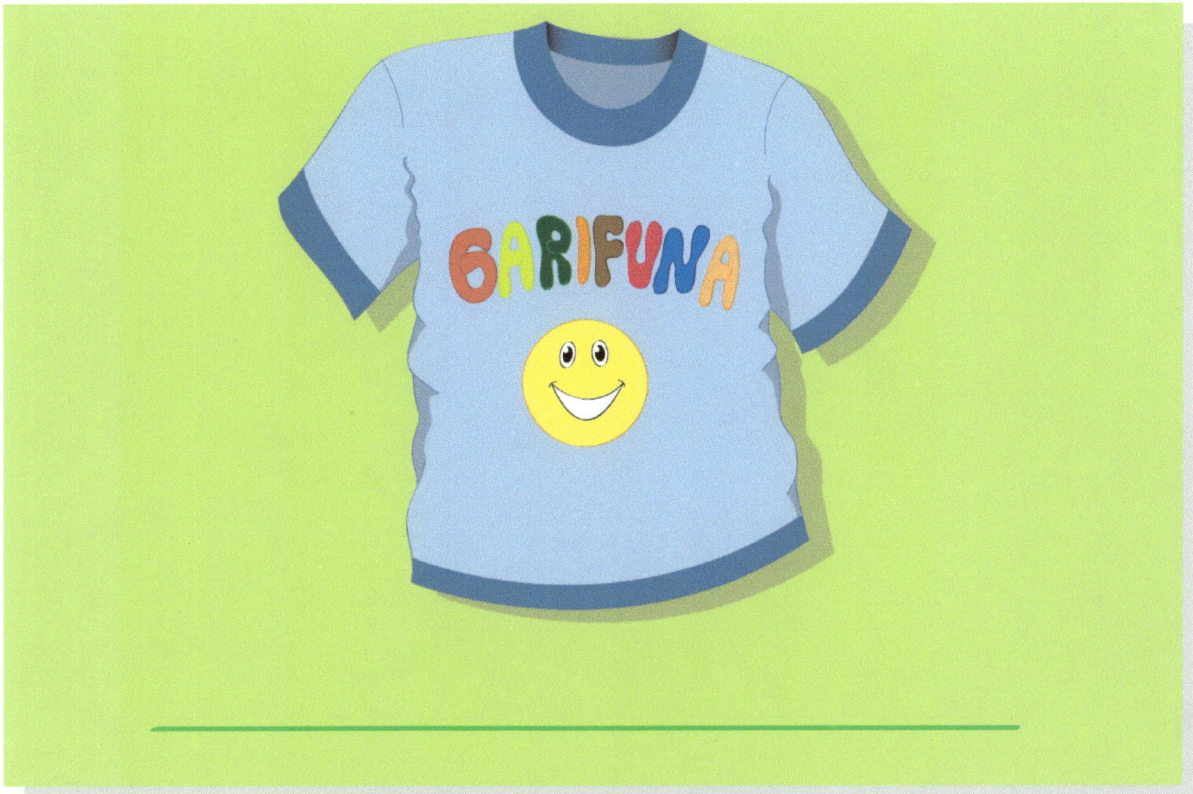

_____

_____

Wabürüha

_____

_____

Wabürüha

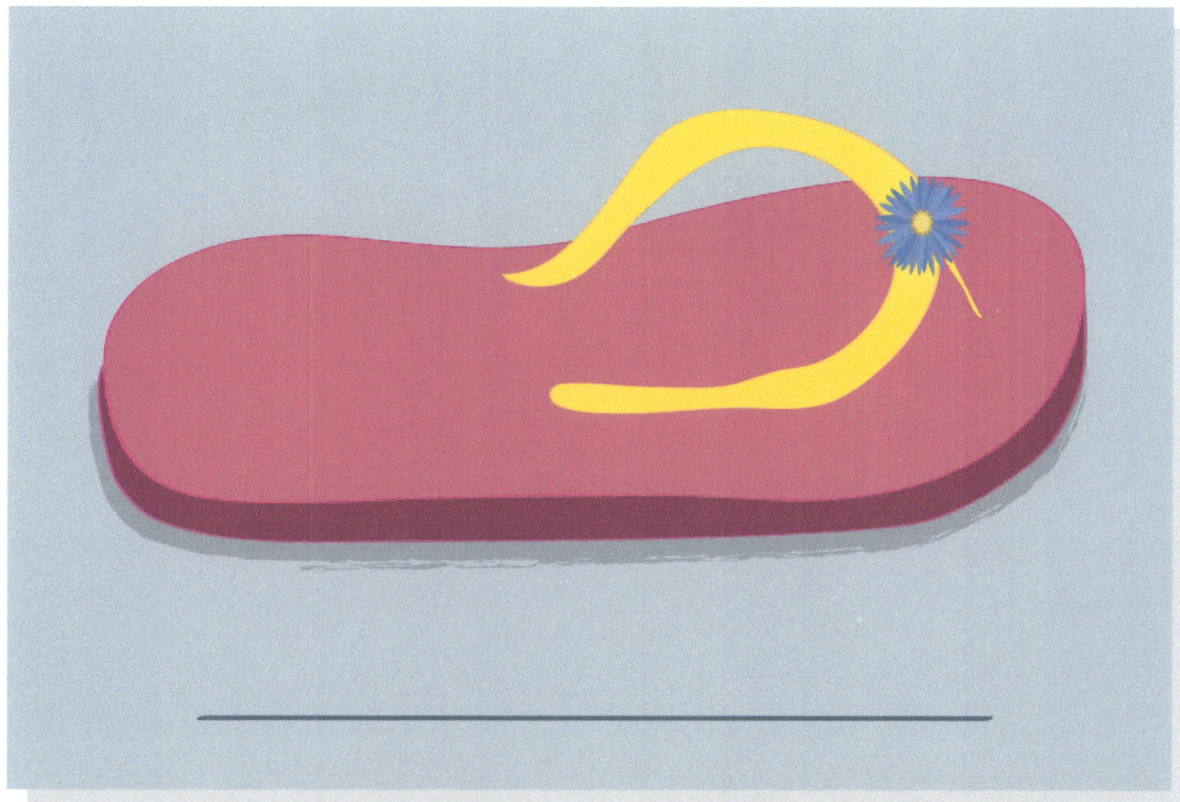

_____

_____

Wafeindiha

daüguaü

Wafeindiha

ariran

Wafeindiha

weibeyuwa

Wafeindiha

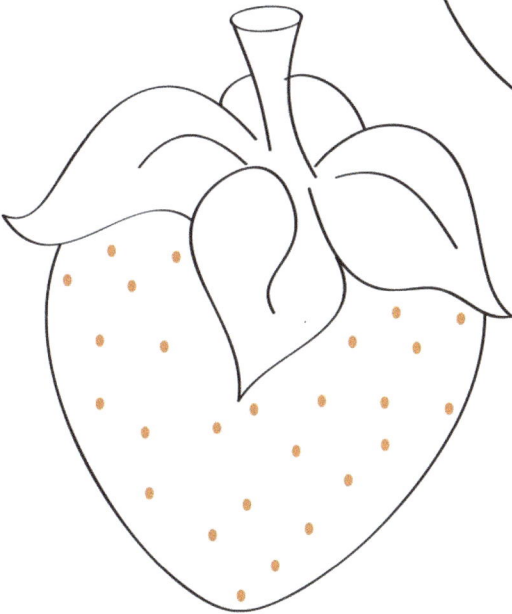
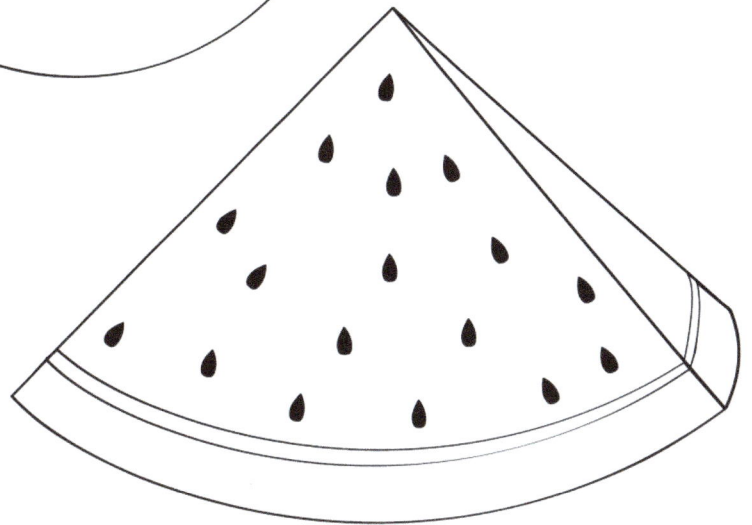

Tin-wewe

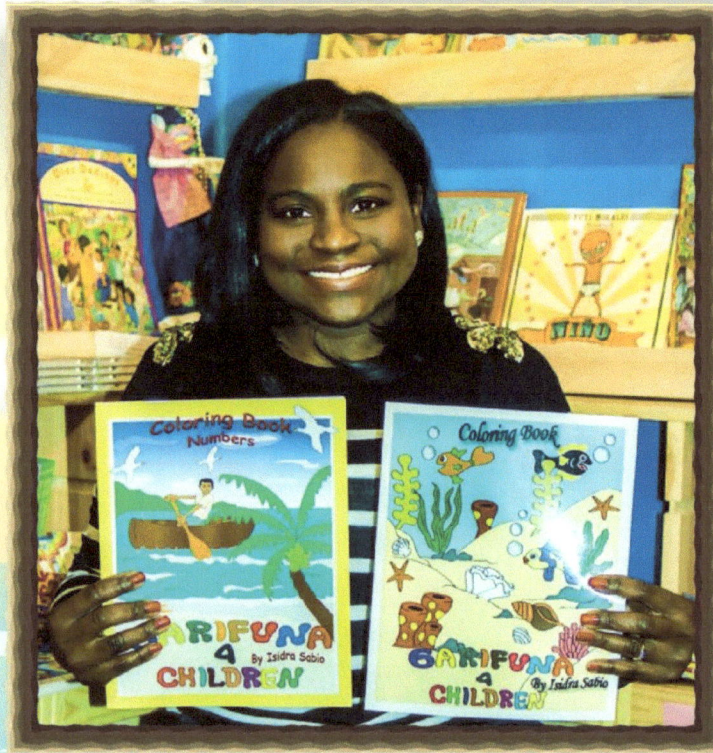

About the author and illustrator
Isidra Sabio

Isidra Sabio was born and raised in the Garifuna community of Cristales in Trujillo, Honduras. Isidra holds a Master of Science degree from Louisiana State University. In 2007, Isidra received a "Scientific Contribution" award presented by the President of Honduras. Currently, Isidra works as a Public Health researcher in the United States.

Isidra began drawing and illustrating when she was a little girl, she has several books in print for children and has created a line of greeting cards through her publishing company Afro-Latin Publishing, Inc.

www.ingramcontent.com/pod-product-compliance
Lightning Source LLC
Chambersburg PA
CBHW041220040426
42443CB00002B/25